슬픈 갈릴레이의 마을

슬픈 갈릴레이의 마을

정채원 시집

민음의 시 147

민음사

自序

지하철 선로 건너편의 얼굴들을
남의 얼굴 보듯 바라본다.
어느 쪽이
먼저
지금, 여기를
떠날 것인가,
마치 목적지가 따로 있다는 듯.

2008년 7월
정채원

차례

自序

1부

슬픈 갈릴레이의 마을　　13
멍멍, 아이아이　　15
다다각시　　16
변검쇼 1　　18
변검쇼 2　　20
바람궁전의 기억　　21
부위별로 팝니다　　22
헛소문　　24
공터王　　26
구름다리 위에서　　28
아편굴로 가겠어요　　30
각설탕이 녹는 동안　　32
오늘은 휴관이에요　　33
마법의 성　　34

2부

그리운 연옥　　37
누가, 저기, 있다　　38
오늘의 운세 1　　40
오늘의 운세 2　　42
나날이 조금씩 가라앉는 섬　　44
물풍선　　46
흔들리는 꽃병　　48
용호상박　　49
니체와 쏠개즙　　50
선잠　　52
자주 부검되는 남자　　54
경계에 서다　　56
고통도 잘 튀겨지면 맛있다　　58
모래시계　　59

3부

전생　63
붉은 립스틱을 바른 미라　64
저, 종소리　66
키르키르 언덕, 키르키르　68
쏘울맨　69
골병나무　70
즐거운 인생　71
사과가 있는 정물　72
허공과 싸우다　74
비상시 문 여는 방법　75
내세　76
사선을 넘어　78
십자가 창문　79
옛날의 금잔디 동산　80
금성캬라멜　81
적멸　82

4부

저녁 무렵　　　85
천 년 바위에 묻다　　　86
木백일홍　　　87
울음 그치지 않는　　　88
간절기 1　　　90
간절기 2　　　92
연분　　　93
꽃 미용실　　　94
달지옥에 대한 소문　　　96
아카시아, 아카시아　　　98
특별한 밤　　　99
인동　　　100
이륙을 꿈꾸다　　　101
건너편에는 대형 거울　　　102
꽃은 져서 어디로 가나　　　104

작품 해설 / 권혁웅
재투성이 오이디푸스　　　105

1부

슬픈 갈릴레이의 마을

어머니, 저는 오늘도 돌아요
압력 밥솥의 추처럼
얼음판 위를 헐떡이는 팽이처럼
터질 듯한 마음의 골목골목
팽글팽글 돌아요, 돌아야 쓰러지지 않아요
당신의 경전을 맴돌면서
저는 의심하고 또 의심해요
더 이상 의심할 수 없을 때까지
서쪽으로 서쪽으로 계속 가면, 어머니
신대륙을 찾을 수 있을까요
얕은 곳 너머 갑자기 희망이 깊어지는 곳
그러나 희망봉 근처엔 죽음의 이빨
백상어가 헤엄쳐 다닌다지요
가장 안전한 곳은 가장 위험한 곳
상식의 말뚝에 한쪽 발을 묶고
나머지 한 발로 절뚝절뚝
기상부터 취침까지
일상의 풀밭을 뱅글뱅글 돌아요
소등 뒤에도 전갈자리 사수자리 돌고 돌다

아주 돌아 버려요
아니, 저는 더 이상 돌지 않아요
그래도,
그래도 지구는 돌지요

멍멍, 아이아이

  마다가스카르의 개코원숭이 같은 이름을 가진 그 아이는 학교를 싫어하는 아이, 아이들이 좋아하는 게임방은 어떤 곳일까 아이아이 학교 가기 싫어 아이아이 싫어싫어 징징대는 새끼 원숭이를 엄마 원숭이는 코코 달랬을까 개코개코 야단쳤을까 고대 그리스인들에게는 개가 아이아이 짖어 댔다지 아이아이 나는 그것도 모르고 개는 멍멍 혹은 바우와우 짖는 것이라고 와와거렸지 밤새 술 마시고 개판을 치면 개 같은 인생 살게 된다고 아이아이 속상해 어째 아이들은 엄마 맘을 몰라주니 아이아이 다 저희들 잘되라고 하는 말인데 아이아이 너 나중에 뭐가 될래 아이아이 알록달록 털옷 입은 개코원숭이처럼 이 비디오방에 번쩍 저 당구장에 번쩍 아이아이 그러다 프리랜서 사진작가 된 아이도 있다구 잘나가는 패션 디자이너 된 아이도 있다구 아이아이 고대 그리스인들은 개가 아이아이 짖는다 했다지 그럼 여태 내가 몇 번이나 바우바우 한 거야 도대체 어쩌려고 하우하우 한 거야 아이아이, 멍멍

다다각시

　나는 대도시 R에서 다다와 함께 야반도주했다 3년 전 크리스마스 무렵이었다 기계처럼 잘 짜 맞추어진 모든 것의 면상에 변기를 집어 던져야 무병장수한다는 점쟁이의 말을 듣고 난 직후였다 그러나 우리가 숨어든 소도시 C에서도 주유기는 24시간 돌아갔다 호두과자는 붉은 앙꼬 속에 정확히 호두 한 조각씩을 품고 틀에서 찍혀 나왔고 시장에선 생선 가게 주인이 기계보다 능숙한 솜씨로 꽁치 배를 따고 굵은소금을 뿌려 검은 비닐봉지에 넣어 주었다 검은 봉지 속에서 염장되는 날들, 이 소도시에서도 밤 9시 뉴스를 보던 남편이 하품을 하면 설거지를 하던 아내도 즉시 따라 하곤 한다

　나는 오다가다 마주치는 기계들에 유리컵을 집어 던진다 일정표에 적힌 대로 소리도 없이 번쩍이며 잘도 굴러가는 쳇바퀴들, 꼭 우연의 효과를 염두에 두는 건 아니지만 나는 닥치는 대로 집어 던진다 한번은 샤워를 하다 말고 넥타이를 매고 계단을 내려가는 나체에게 바가지를 집어 던진 적도 있다 며칠 전엔 밥을 먹다 하마터면 다다에게도 숟가락을 집어 던질 뻔하였다 어느 틈에 기계처럼 밥상머

리에서 신문을 읽거나 배가 고프지도 부르지도 않다는 얼굴로 물끄러미 TV를 건너다보는 다다. 그러나 다다 면상에까지 펄펄 끓는 국그릇을 집어 던지지는 못했다 몇 년 새 다다각시가 다 되어 버린 내가 다다기계 앞을 떠억 가로막고 있었던 것이다, 다다

변검쇼 1

오늘은 석민이지만
어제는 명호였지요
원래는 영섭이예요
지금 당신에게 영섭이가 말하는 거예요
영섭이의 말은 믿어도 돼요

석민이는 늘 쥐색 정장 차림
바지 주름 칼날같이 세우고 다니는 사람
명호는 무릎 튀어나온 코르덴 바지에
담뱃재 희끗희끗한 티셔츠 바람
회칼로 반대파의 목을 따고도 귀갓길
말기 암 어머니 전화 목소리에 귀가 젖는 사람

듣지도 말하지도 못하는 벙어리에게
맘 놓고 속내 다 털어놓듯
비밀처럼 꽁꽁 숨긴 당신의 아픔
다 털어놓아도 돼요, 영섭에게
이제는 당신의 눈빛만 보아도 다 알아들을 듯한 영섭에게

석민이도 아니고
명호도 아닌
영섭이가 지금 말하는 거예요
당신을 진정 사랑해요
아니, 결코 널 용서할 수 없어
안녕히 돌아가십시오, 지금은 문 닫을 시간입니다
널 죽여 버릴 거야, 오, 오…… 당신을 사랑해요
영섭이의 말은 믿어도 돼요

변검쇼 2

지체 장애 1급 정운재 할아버지
양손이 없는 그가
강원도 산골에서 밑둥만 겨우 남은 팔꿈치로
죽은 나무뿌리를 주워 오기도 하고 캐 오기도 한다
겨드랑이에 톱을 끼고
아내와 함께 톱질을 하고 조각을 한다, 죽은 뿌리가
여의주 입에 문 용도 되고
개도 되고
동자승도 되고
부처도 되고

뿌리째 말라 죽었나 싶던 내 가지에도
연두 새순이 돋는다, 그대 손길에
겨울잠 깬 개구리도 발치에서 튀어 오르고
물오른 우듬지엔 은줄팔랑나비 한 마리 날아와 앉는다

뇌종양으로 세상을 떠난
아홉 살 소년의 각막이
스무 살 여대생의 눈웃음 속에서 반짝
초승달로 빛나는 새봄

바람궁전의 기억

언제쯤이었을까요 고스트 댄스를 추느라 땀범벅이 되었던 그 밤이었을까요 아니면 무성한 느릅나무를 지나 결혼식 행렬이 언덕으로 올라오던 오후, 하얀 웨딩드레스와 베일에 가려진 신부의 얼굴을 넋 놓고 바라보던 그때였을까요 바람결에 얼핏 드러난 얼굴, 그 물먹은 눈동자와 한순간 마주쳤을 때, 바로 그때였는지도 모르지요 저는 제가 죽었는지도 몰랐어요 바람궁전의 조그만 벌집 같은 창문들, 깨어진 유리 틈새로 들락거리는 바람을 마시며 앉아 있던 그 나른한 오후, 눈물인지 땀인지 내 젖은 볼을 바람새가 핥아 주었지요 고통을 모르는 희귀병 환자처럼 바람에 머리칼 한 움큼 빠져나가는 줄도 모르고, 뼈에 숭숭 구멍 뚫리는 줄도 모르고 언제나 바람을 기다렸지요 바람에 파도치다 지쳐 잠이 들었는지, 누군가의 마지막 한숨 같은 바람이 내 어깨를 흔들었는지, 꿈길을 헤매듯 더듬더듬 바람궁전을 빠져나왔지요 저는 제가 죽었는지도 미처 몰랐어요 툭 치면 가루가 될 듯 뼈만 남은 제가 아직도 창가에 앉아 뿌리 뽑힌 느릅나무를 바라보고 있네요 밑둥은 다 말라 갈라 터져 버렸는데도 우듬지엔 연두 몇 잎 매달고 있는 나무, 아직도 제가 죽은 줄도 모르고, 아, 봄날이 가고 있네요 다시 바람이 불까요

부위별로 팝니다

 자신을 전혀 닮지 않은 그림자를 앞세우고 한 남자가 호프집 앞을 서둘러 지나간다 미국 시체 암시장에서 250불씩에 팔린다는 두 발이 빠르게 교차한다 한 남자가 두 여자를 하나에 400불씩 둘이면 800불인 팔뚝으로 감싸 안고 '한 잔의 추억' 안으로 들어간다 한 남자가 호프집 앞 가로등에 머리를 처박고 서 있다 울렁거리는 희망을 다 토해 내려면 아직 멀었나 보다 먼 장지를 다녀온 듯 영구차 한 대가 건너편 24시간 편의점 앞을 서둘러 지나간다 시체 기증자 유족이 '고인의 흔적을 돌려달라'고 청할 때마다 유분을 아무렇게나 한 줌 푹 퍼서 주었다는 남자, 여러 시신을 한꺼번에 화장해서 대형 드럼통에 담아 놨다가 FBI의 수사를 받았다는 남자, 수사가 지지부진한 틈에 재빨리 자연사했다는 그 남자가 문득 생각날 때 길 건너편에서 검은 비닐봉지 하나가 날아온다 아직도 토하고 있는 남자의 발치에 굴러와 뒤척인다 토해 놓은 희망을 사람들이 애써 외면하고 간다 전신 마사지와 성형에 수입의 4분의 1을 쓰던 할리우드 여배우, 여고생들이 특히 열광하던 그 신비스러운 눈빛의 여배우는 어떤 결심으로 시신을 기증했던 걸까 수술 도구 제조업체의 신상품 테스트용 시신으로 빼

돌려질지도, 휴양지 호텔에 모인 성형외과 의사들의 세미나 재료로 쓰일지도 모를 일이지만, 내장이 포함된 몸통은 3000불에도 팔려 나간다지만,

　영혼은 포함되지 않은 안창살과 갈매기살 배달을 나가는 것일까 정육점 앞에 서 있던 오토바이 한 대가 요란한 시동 후에 앞만 보고 달려간다

헛소문

잿빛 양복을 말끔히 차려입은 젊은 남자가 피 묻은 스카프를 주워 들고
자기는 오백 년 전에 죽었던 조선의 임금이라 소리쳤다고 하네
한 마을에서는 노숙하던 스님이 자다 깨어
해골바가지에 고인 물을 달게 마셔 버렸다고 하네
이천 년 전 한 유대인 남자는 가시관을 쓴 채 죽었다가
사흘 만에 다시 살아났다고 하네
그리스의 한 시골 호텔에서는 침대 밖으로 비쭉 나온 손님의 발을
벨보이가 침대 길이에 맞게 잘라 버렸다고 하네

헛소문을 퍼뜨리는 사람들이 나날이 늘어난다고 하네
헛소문이 돈다고 하는 그 말이 다 헛소문이라고도 하네
헛소문만 입 안에 굴리던 나는 배가 고파
고등어구이에 밥 한 공기를 후딱 먹어 치웠는데,
지금은 가시만 남은 고등어
아무도 내 식탁 위의 고등어를 본 적은 없다고 하네
나는 고등어를 먹었다고 우기고

아래층 여자는 내가 실종된 자기 남편을 잡아먹었다고 우기네
그새 다시 배가 고파진 나도
헛소문을 퍼뜨린 내가 후회스럽네

한때 내 목숨처럼 사랑했던 남자, 허쏘문
그의 문을 열고 들어가면 또 다른 문이 있고, 열면 또 문이……
내가 다 열어 보기도 전에 그는
박물관 옆 도서관 지붕 위에 잠시 머물던 구름처럼 사라져 버렸네
내가 사랑한 것들은 다 헛소문이었네, 목숨처럼

공터王

길을 가던 남자가 고개를 돌려
길을 건너려던 한 여자를 붙잡았다
껍질을 벗겨 차곡차곡 접어 씹기 시작했다
여자가 사라진 자리는 젖은 바람이 불어와 채웠고
그림자 없이 어두워졌다, 혼자 있을 때마다
남자는 몸 밖으로 여자를 뱉어 내어 풍선을 불었다
여자가 공중으로 날아올랐다
날개를 도서관 사물함에 두고 온 채
허공으로 부풀었다 꺼졌다 하는 동안
어떤 날은 팝콘 같은 웃음소리
또 어떤 날은 김빠진 콜라 같은 한숨소리 들렸다
허공은 여자가 지나갔다는 사실을
습관적으로 조금씩 지웠다, 쭈그러지면서
남자의 입술에 달라붙은 여자는
한동안 솜사탕처럼 끈적끈적했다
남자는 입 안에서 점점 질겨지는 여자를
몇 걸음 가다 길바닥에 퉤 뱉었다
여자는 길가의 돌멩이 위에 한동안
울적하게 붙어 있다가 호우주의보 내리던 밤

작은 조약돌처럼 온몸을 둥글게 말고
묵묵히 굴러갔다, 공터에 가서 개망초가 되었다

구름다리 위에서

내가 네 코를 베어 가면
게임이라고 생각해
꿈이라고 생각해

    얼마나 이러고 있어야 해?
    나를 아프게 하는 걸 즐겨?
    우리가 잘될 수도 있었을까?

시간이 좀 걸릴 거야
구름은 솜사탕처럼 피었다 지고
발목은 자꾸 가늘어지지

    메타세쿼이아는 잎이 마주나고
    낙우송은 잎이 어긋나고

내가 다시 오지 않으면
혼자 노래를 불러 봐
풍선껌을 힘껏 불어 봐

얼마나 여기 더 서 있어야 해?
얼굴에 남의 코를 붙이는 걸 즐겨?
우리가 잘될 수도 있었을까?

시간이 좀 걸릴 거야
풍선껌은 더 이상 부풀지 않고
상상 속에서만 남의 코를 붙이고 다니는 거지

메타세쿼이아는 잎이 마주나고
낙우송은 잎이 어긋나고

솜사탕을 뜯어 먹을 때마다
얼굴엔 구름 구레나룻이 자라고
붉고 둥근 코에 한쪽 볼엔 눈물자국
언젠가 우린 서로 알아보지도 못하겠지

아편굴로 가겠어요

 산발한 머리로 늙은 무당처럼 쉬지 않고 중얼거리겠어요 오, 채 익지도 않은 열매에 칼집을 내다니, 하얀 피가 뭉글뭉글 흘러나오다가, 불그스레 물이 들다가, 생아편 같은 내 피를 찍어 발라 봐, 핥아 먹어 봐, 네 뼈저린 아픔 싹 씻어 주마 철창 안의 짐승처럼 아파도 아프다는 말도 하지 못하는구나 오직 눈빛으로, 걸음걸이로, 또는 배설물로만 말하는 거니…… 달콤한 미소로 등짝에 비수를 꽂다니, 분홍 필통에서 면도칼을 꺼내다니, 바이올린 케이스 안에 기관총을 넣어 가지고 다니다니……

 아편굴로 가겠어요 한쪽 눈에는 안대를 하고 코 밑에는 푸른 수염을 붙일 거예요 주중에는 환자들 엉덩이를 철썩철썩 때려 가며 진통제를 주사하다가, 주말이면 도박장에서 슬롯머신을 철컥철컥, 룰렛을 돌려 돌려, 내 관자놀이를 폭파하진 말아요 제발, 아편굴을 아주 폭파하진 말아요 월요일엔 다시 돌아가요 새하얀 가운에 빳빳한 캡을 쓰고 돌아가요 머리카락 한 올 흐트러짐 없는 유니폼으로 돌아가요 몰티즈처럼 순한 쌍꺼풀 눈망울을 굴리며 당신의 엉덩이에 항생제를 놓아 드릴게요 철썩철썩 때려야 아프지 않

아요 내 손은 약손이에요 아니, 가시손이에요 내 이중생활이에요 아편굴이에요 마음은 흉악범 소굴이에요

각설탕이 녹는 동안

　여우가 내 쪽문을 열고 각설탕을 집어넣는다 나른히 감기던 눈동자에 달콤한 빛이 돌기 시작한다 각설탕 하나를 더 집어넣는다 지난밤 꿈 이야기를 하며 이따금 한숨 쉬며 천천히 나를 휘젓는다 단물이 들면서 내 관절이 느슨해진다 관절이 느슨할 땐 나는 아무도 찌르지 못한다 눈물도 잠시 짠맛을 잃어버린다 내 안에 각설탕이 녹는 동안 비음 섞인 맞장구를 연신 쳐 댄다 응, 그래, 그랬구나, 저런⋯⋯ 몸의 온도를 점점 더 높인다 각설탕이 더 빨리 녹기 시작한다 내 사각의 창에 바짝 얼굴을 대고 여우가 들여다본다 창틀에 갇힌 채 모서리가 서서히 둥글어지는 내가 조금 슬퍼 보였을까 각설탕을 하나 더 집어넣는다 안에서 내다보는 내 눈에는 여우도 창틀에 갇혀 있다 창살 무늬 새겨진 여우의 눈동자와 마주치는 순간 가슴에 단물이 든다 각 진 기억들도 살살 녹아내린다 홀로 캄캄해지던 내 우물이 오늘따라 더 흔들린다 내 안에 각설탕이 녹는 동안

오늘은 휴관이에요

 나를 잊지 말고 기다려 줘요 수도원 문을 잠그지도 않고 그냥 뛰쳐나왔어요 꼭 돌아갈게요 오늘은 검은 제복을 벗어 던지고 핑크빛 드레스로 갈아입겠어요 검은 옷에 길든 사람에겐 검붉은 핏빛이 더 어울릴까요 당신의 피로, 순결한 당신의 피로…… 나를…… 당신이 나를 몇 벌 더 만들어 놓았잖아요 자꾸 만지작거리면 닳아질까 봐 나는 주점에도 하나, 도서관에도 하나, 유곽에도 하나, 수도원에도 하나, 묘지에도 하나, 나도 나를 다 헤아릴 수 없어요 나도 나를 다 기억해 내지 못해요

 누구세요 당신은 어디 계셔요 제 텅 빈 속을 모래와 소금으로 채우고 아마포를 둘둘 서른 번만 감아 주어요 너무 닳아빠진 나를 갖곤 당신은 인형놀이도 할 수 없고 그림자놀이도 할 수 없지요 달이 뜨지 않는 밤, 그림자도 없는 밤, 요즘은 핏빛 달맞이꽃이 피어요 아니 꽃이 피질 않아요 안식일이에요 아무도 아무것도 기다리질 않아요 당신이 필요하다고 인정하는 날에는 언제든지 휴관할 수 있어요 폐관도 할 수 있어요 무덤처럼…… 불을 켜지 않아요 검은 두건 같은 얼굴을 뒤집어쓰면…… 어둠상자의 작은 구멍으로 겨우 새어 들어오던 빛도 끊어지고…… 휴, 관이에요

마법의 성

그가 피리를 부네
그와 나 사이에 놓인 바구니 안에서
코브라 한 마리가 독 오른 머리를 치켜드네
늴리리 늴리리
춤추듯 위로 위로 올라가다가
코브라는 순간 밧줄로 변해
구름 속으로 뻗어 오르네, 취한 내가
밧줄을 타고 올라가네
나를 좇아 그도 구름 속으로 숨네
비명 소리
비명 소리
토막 난 내가 지상으로 떨어지네
피 묻은 피리를 입에 문 그도 뒤따라 내려오네
그가 피리를 닦아
다시 불면
구름꽃 새겨진 내 사지가 스르르 이어 붙네
싸늘하던 온몸에
필리리 필리리
피가 도네

2부

그리운 연옥

　서둘러 올라탄 엘리베이터 번호판의 빨간 불 움직이지 않는다 계속 한곳에 머물러 있다 선뜩한 바람 한 줄기 목덜미를 스친다 아, 나도 드디어 갇히게 되었구나 내 그토록 떠나고 싶던 이 아파트, 이 저잣거리, 이 세상에서 문을 꼭 닫아걸고 독방에 들게 되었구나 창문도 없는 단칸방에서 면벽정진해야겠구나 혼자 얼었다 혼자 녹았다 산이 되고 강이 되겠지 미처 안녕이란 말도 남기지 못했지 용서를 구한다는 말은 더욱 못했지 이렇게 갑자기 이렇게 빨리 이런 순간이 오리라곤 생각지 못했지 아, 눈시울 붉히고 나를 마주 보는 저…… 벽이 갑자기 갈라진다 옆집 마리아가 몸을 들이민다 아니, 벌써 나도 승천했나 저런, 세상에, 번호 누르는 걸 깜빡했군요 마리아가 나 대신 肉번을 누른다 내 탓이오, 내 탓이오, 가슴 치며 통회를 끝내기도 전에 문이 열린다 그럼 그렇지 아직 담금질 끝나지 않았지 수천 수만 번 더 오르락내리락해야겠지 나는 충혈된 눈을 비비며 허둥지둥 환생한다

누가, 저기, 있다

수초가 한 번 크게 흔들린다
저 수초 밑 검푸른 어둠 속에 누가 있다
눈부신 햇살 속 청맹과니
나는 그를 보지 못한다, 허나
그는 저 아른거리는 그림자 사이
수면의 균열과 요철 사이
작은 틈으로 나를 보고 있을 거다
아니, 분명히 쏘아보고 있다
저 3분의 1쯤만 겹쳐진 겉잎과 속잎 사이
막 굴러 떨어지는 물방울과
아직도 애타게 매달려 있는 물방울 사이
스르르 잠드는 바람과 다시 몸 꺾어 뒤척이는 바람 사이로
나를 뚫어지게 보고 있다
긴 응시로 눈물 고이기 시작하는 내 두 눈을,
점점 깊어지는 미간의 주름을,
오랜 기다림으로 조금씩 기울어지는 어깨를
그는 하나도 놓치지 않고
지켜보고 있다, 기다리고 있다
눈물 고인 내 두 눈이 스르르 감기기를,

깊어진 미간으로 죽음의 단잠이 쏟아지기를,
기울어진 어깨가 바닥에 쿵
쓰러지기를

오늘의 운세 1

가장 밝고 큰 별 시리우스도
빈틈없는 만월도 다가가 보면
소행성과 수없이 충돌한 흔적
난타당한 흔적 남아 있다는데
움푹움푹 파인 구멍들
피 흘리듯 입 벌리고 있다는데

같은 궤도 안의 수많은 소행성 중
아슬아슬 피해 갈 듯하던
별과 별이 맞부딪치는 날
마주 달려오던 10톤 유조차가
중앙선 넘어 덮치는 날
가슴이 터지는 날
대박이 터지는 날
기어이 오고야 말까

그래도 나만은 피해 갈 거야
우주를 날아다니는 저 수많은 소행성들
더럽게 운 나쁜 별들끼리나 충돌하겠지 사고 치겠지

설마설마 하면서 혹시나혹시나 하면서
오늘도 나는 랄랄라
누군가의 궤도 속을 날아다니고 있다

오늘의 운세 2

어제도 오늘처럼 나는 죽고 또 죽었지
어린 아들 손을 잡고 푸른 신호등 꺼져 가는
횡단보도를 황급히 건너며,
귤 몇 알과 삼겹살 반 근
검은 비닐봉지 뭉쳐 넣은 시장 가방을 들고
코가 막힌 아이와 목이 부은 어미가
은별상가 3층 이비인후과를 헐레벌떡 들어서며,
보험 카드를 내밀며

세상에서 무엇을 보장받으랴
불의의 교통사고, 특정 암……
불특정 다수를 겨냥한 운명의 총구 앞에서
새벽밥을 짓고 멸치를 볶고
도시락을 싸 주며 키미테를 붙여 주며,
여보, 애들아, 우산 우산!
일기예보를 토정비결처럼 신봉하던 어머니를 흉내 내며,
빈집에 홀로 남아 묵주 알을 굴리며

영원히 죽지 않고 늙기만 하는 티토노스인 양

잠들기 전 거울 속을 들여다보며
콜라겐 나이트 크림을 처덕거리며,
빼앗아 간 젊음을 밤새 되돌려 달라고
예고 없던 정전에 허공으로 날아가 버린
오로라 파일이나 어서
되돌려 달라고, 깨어지며 쭈글쭈글해지며
죽어도 죽어도 죽지 않는 내게
가장 소중한 잃어버린 반쪽
죽음을 되돌려 달라며
오늘도 어제처럼 나는
여기저기서 죽고 있지

나날이 조금씩 가라앉는 섬

'나날이 조금씩 가라앉는 섬'에 너와 내가 있어
붉은 양귀비 가득 피어 있는 섬에서
밤마다 부둥켜안고 딸꾹질을 하지
오늘은 또 육지가 얼마나 줄어들었을까
절벽 아래선 밤새 둘이서만 알아듣는
방언이 철썩거리고, 갈라 터진 입술로
서로의 상처를 핥으며 말하는 거야
바다로 헤엄쳐 나가, 어서, 당신 먼저
'또 다른 섬'으로 헤엄쳐 가
밤바다처럼 캄캄한 서로의 눈을 들여다보면
아편 곰방대처럼 작은 불꽃 깜빡거리고
바람에 가느다란 모가지를 흔드는 꽃
무더기 무더기 핏빛으로 피어 있지
이윽고, 떨림도 가라앉고
통증도 가라앉는 아침이 오면
그토록 고대하던 풍랑 없는 바다
작은 설렘마저 가라앉아 버린 그 바다에 끝내
서로를 핥던 마음까지 스르륵 가라앉아 버리고 말지

어떤 '또 다른 섬'도
'나날이 조금씩 가라앉는 섬'이 되리

물풍선

넥타이를 매거나 눈 화장을 고치는 물풍선
시계를 자꾸 들여다보는 물풍선
아기 돼지 같이 통통한 분홍빛 살결
이따금 사랑스럽게 쭈글거리기도 하는,
미간을 잔뜩 찌푸리고 턱을 괸 채
물은 왜 이리 무거울까
깊은 눈을 껌벅거리기도 하는 물풍선

어디선가 바늘 끝 같은
가시만 하나 날아와 꽂혀도 퍼억
터져 버리고 마는,
몽땅 쏟아져 땅으로 스미고 마는,
허풍선이 물풍선

이따금
물풍선이 물풍선에게 물손을 내밀면
바닥을 알 수 없는 내부가
깊은 우물처럼 출렁
흔들리기도 하는,

마치 물풍선끼리 사랑도 할 수 있다는 듯
터질 듯 터질 듯 풍선 가슴 부풀기도 하는

흔들리는 꽃병

 피아노 위에 놓인 꽃병 속의 물이 출렁이고 꽃잎이 파르르 떤다 천장이 흔들리고 벽이 흔들리고 바닥이 흔들린다 기댈 만한 것들은 제가 먼저 몸을 떤다 살갗이 떨리고 피가 출렁이다가 뼈까지 휘청거린다 쏟아질 듯 넘어질 듯 견디는 시간 속으로 비상벨처럼 전화벨이 울린다 지금은 전화를 받을 수가 없다 흔들리는 꽃병엔 말 한마디도 담을 수가 없다 지금은 지금은…… 지금은 전화를 받을 수 없으니 메시지를 남겨 주십시오 흔들리는 선 저쪽에서 출렁이다 망설이다 쏟아지는 목소리, 꽃잎 하나 떨어져 내린다 허공 속에 금세 증발할 듯한 목소리, 아득한 목소리에 꽃잎 둘 셋 떨어져 내린다 꽃병 속에 말이 조금씩 채워지기 시작한다 허겁지겁 말을 주워 담는다 꽃병 가까스로 중심을 잡는다 탄소 함유량 0.9%의 특수강 피아노 현 아직은 정해진 음정대로 노래 부른다 아, 아, 한동안 아무도 몰래 죽음처럼 흔들리다 아무도 몰래 중심을 잡은 꽃병의 세상, 흔들리고 흔들리고 흔들려도 쏟아지기 전엔 결코 한 번도 흔들린 적 없는 꽃병의 세상

용호상박(龍虎相搏)

뱀과 고양이가 싸우는 걸 구경하다가
생각해 냈다는 광둥요리, 용호상박
뱀과 고양이가 사이좋게
한 통 속에 녹아 있다
살을 섞고 있다

격렬한 정사를 구경하다가
말려야겠다고?

극과 극은 한통속이다!

니체와 쓸개즙

철창 속의 암수가 교미하여
철창 속에서 새끼 곰은 태어나지요
나무 타기에 적합한 갈고리 발톱으로
철창 속을 이리저리 헤매지요

숨을 곳도 없는 생각의 집 안에서
오늘도 홀로 하는 술래잡기
머리를 좌우로 계속 흔들다
오른발 왼발 교대로 들었다 놨다
니체는 주저앉아 정면을 쏘아보지요

맞은편 철창에선 늙은 어미 곰
누운 채 쓸개즙을 조금씩 빨리다
창살 밖을 내다보네요
가물가물 감기는 눈꺼풀 속으로
저 멀리 토막토막 꽃비

"……필연적인 것은 견뎌야 할 뿐 아니라
좋아해야 한다……

……고통이 우리를 심오하게 한다."
철학자가 쓸개즙을 마시며 고개를 주억거리네요
편두통과 눈병에 시달리는
철창 옆 겹벚꽃 그늘 아래

선잠

그는 자면서도 칼을 간다
자꾸만 뾰족해지는 송곳니는
제 살부터 찢는 건지
나날이 날이 서는 제 슬픔의
뼈를 갈아 구슬을 만드는지
그는 쉬지 않고 흑백으로 뒤척인다
느닷없이 피를 빨고 달아난 모기는
천장도 바닥인 양 밟고 섰는데
그는 허공만 휘저으며
잠꼬대를 한다, 야, 너, 정말……
용서받지 못하는 자보다
용서하지 못하는 자의 영혼이
이를 갈며 닳아진다, 닳아진 목숨이
속죄양처럼 증오의 제단에 바쳐진다
죄와 벌의 방정식, 그 풀리지 않는 미지수 속에는
누구의 왼뺨과 오른뺨이 숨어 있는가
목이 잘려서도 눈웃음을 치고 있는
삶은 돼지머리, 그 미소의 뜻을 몰라
그는 자면서도 이를 간다, 부득

부득, 자신의 죄 없음을 우기며
밤새 속죄한다

자주 부검되는 남자

시체 보관소에서 조금씩 투명해지던 내가 다시 깨어난 건 바로 그때였어요 검시관들이 내 왼쪽 가슴을 메스로 5센티쯤 그어 내려갔을 때 내가 피를 흘리기 시작했다지요 뭔가 잘못됐다고 판단한 검시관들이 절개 부위를 황급히 꿰맸다지요 사망 선고까지 받았던 내가 통증을 견딜 수 없어 벌떡 일어났다지요 일주일에 세 번 이상은 스포츠센터에서 땀을 흘렸고 10년 전부터 그토록 즐기던 담배까지 끊었으며 아침마다 명상의 시간까지 지켰던 내가…… 어느 날 갑자기 싸늘한 시신으로 빈집에서 발견되었던 이유, 사인은 끝내 규명되지 않았지요

그 후로 이따금 갑자기 쓰러져요 사망 선고를 받고 시체 보관소에서 조금씩 투명해지다가 결국 또 부검을 받게 되고…… 극심한 통증에 다시 깨어나곤 하죠 비장 속에 갇혀 울부짖다 싸늘하게 식어 가던 표범 꼬리를 검시관들이 어쩌다 베었는지 아니면 두개골 속에 탄환처럼 박혀 화석이 되어 가던 익룡의 발톱이라도 건드렸던 걸까요 2000마일을 날아서라도 꼭 돌아오고야 마는 모나크 나비의 오렌지빛 날개들…… 자욱하게 몰려와요

요즘은 더 자주 쓰러져요 쓰러질 때마다 얼굴 윤곽이 조금씩 뭉툭해져요 이제는 위장도 간장도 반쯤 녹아 버렸다지요 다시 부검을 받게 되고 또 깨어나겠지만…… 이러다 모든 게 지워지고 나면 어떤 고통도 다시는 나를 깨우지 못할 거예요 아무도 어떤 것도 기억도 없이 투명해진 나를 붙잡진 못할 테지요

경계에 서다

어쩌면 홀가분했을지도 모른다
점점 숨이 막혀 오는 찜통 열기 속
밤을 빠져나오던 밤벌레 한 마리
죽은 몸뚱이를 반쯤 껍질에 걸치고 있다
찬물에 씻겨도 나머지 몸 빠져나오지 않는다
꼬리 부분이 지워진 긴 문장의 반 토막을
아무리 들여다봐도
그의 전 생애를 다 읽어 낼 순 없다
나의 주석이 그의 원문을 대신할 순 없다
그는 죽는 순간까지도 살고 싶어 했거나, 혹은
더 빨리 죽고 싶어 했을지도 모른다
캄캄한 밤의 중심에 도달한 뒤
막 되돌아 나오던 길이었는지
아득히 먼 중심을 포기하고 도망치던 길이었는지
알 수 없다, 막막한 어둠에 허리를 묻은 채
찬란한 빛에 눈먼 채
오도 가도 못하는 밤벌레
길이 그를 묶어 버린 건지
그가 길을 묶어 버린 건지

이 밤길
경계가 보이지 않는다

고통도 잘 튀겨지면 맛있다

 극장 뒤 모퉁이에는 뻥튀기를 파는 내외가 있다 강냉이를 한 줌 튀김 통에 집어넣고 돌려 가며 볶는다 바람 매운 날에도 콧등에 땀이 맺히도록 한참을 돌리고 나면 뻥! 소리 없이 튀겨지는 삶도 있을까 그 내외는 빠른 손놀림으로 뻥튀기를 크고 작은 자루에 담아 죽 늘어놓는다 알갱이가 찌그러진 것, 귀가 떨어져 나간 것, 때깔이 뽀얗지도 윤이 나지도 않는 것들도 튀겨지고 나면 얼굴이 훤해진다 모두 풍성해진다 불지옥을 한 번 겪고 나면 너 나 할 것 없이 삶이 몇 길씩 깊어져 있다 집으로 돌아가면 늘 튀겨지지 않은 삶이 그들을 기다리건만 오늘도 쉬지 않고 튀겨 대는 그 내외 앞을 사람들이 지나간다 외마디소리 지르던 기억들을 저마다 한 봉지씩 들고 극장으로 들어간다 화면에서는 스릴 넘치는 총천연색 시네마스코프 삶이 절찬리에 뻥뻥 튀겨지고, 사람들은 눈물을 글썽이거나 한숨을 쉬며 강냉이를 씹듯 튀겨진 삶을 씹는다 고통도 튀겨지면 맛있다는 듯

모래시계

 너를 지치도록 검색하고 누운 밤, 내 안에 다시 가득 채워진 모래가 사르락사르락 흘러내린다 캄캄한 귓속에선 무성영화 속 연인들의 대사 같은 자막이 흘러내린다 사랑해…… 사랑해…… 식어 빠진 일상의 병목 조여 오던 내 안에 충전된 네가 이리 출렁, 저리 출렁, 뼛속 골세포 속으로도 따스한 모래가 찔끔 쏟아지고 모세혈관 속으로도 붉게 충혈된 모래 알갱이들이 떠다닌다 엉길 듯하다가 다시 흩어진다 까끌까끌하게 나는 살아 있구나 하루 이틀 사흘…… 손가락 사이로 솔솔 빠져나간 시간들이 바닥에 누워 전전반측, 나를 다시 세워 줘 나를 뒤집어엎어 줘 모래무덤의 마을 이 데스밸리, 시시각각 변덕스러운 바람에 춤추는 저 모래언덕, 코앞인 듯 보여도 닿지 못하지 가도 가도 헛발만 자꾸 미끄러지지 채워도 채워도 밑 빠진 항아리, 텅 빈 공병 속을 난 너무 오래 흘러내렸지 모래눈물 아주 말라붙기 전에, 모래시간이 붉은 사암 기둥으로 영영 굳어지기 전에, 모래관 뚜껑 철커덩 닫히기 전에, 어서 나를 채워 줘 시크릿 위시로 리필해 줘 애써…… 너를 다시 클릭한다 네 심장을 겨눈 하얀 화살표 옆엔 모래시계가 깜박거리고 있다 아직도 너를 여는 중이다 바닥난 나를 한 번 더 혼신으로 뒤집는 중이다

3부

전생

누군가 걸어 올라온다
한밤중
아파트 계단을 오르는 발소리
점점 가까이 다가온다
너무 길어진 내 반인반수의 발톱을,
전갈이 붙어 있는 허벅지를,
검은 장미 꽃다발 부서져 내리는 가슴을
쿵쿵
밟고 오는 소리
마침내 내 심장까지
밟고
올라오는

가위눌린 꿈길 속으로
한쪽 상아를 잃어버린
코끼리 한 마리 유유히 걸어간다

붉은 립스틱을 바른 미라

육포처럼 검게 말라붙었을 입술에
아니, 폐사지 주춧돌 같은 이빨 위
입술이 있던 기억만 남았을 그 자리에 지금
붉은 립스틱을 바르고 있다
삼십 년 전 그 불볕 사막 한 귀퉁이에 묻혀
혹은, 히말라야 빙벽 아래 천 길 크레바스에 빠져
썩지도 못한 채 미라가 되었더라면

안구도 허물어져 내려앉고
어두컴컴한 공동을 타고 구더기들 꼬물꼬물
기어 나올 얼굴에 눈썹을 그리고 있다
통통하게 살 오른 벌레들이
부패 가스로 풍선처럼 부풀어 오른
내 두 볼을 횡단하고 있겠지
우울증 못 이긴 신당동 이모처럼 보름 전
부엌 구석에 목매달았더라면

절뚝이던 시절일랑 인공관절로 치환하고
노안 수술로 돋보기도 벗어 던진 채

반영구적 광택으로 도금된 귀걸이 아래
구멍 뚫린 귓불엔 향수 한두 방울
오랜만에 황사 걷힌 봄날
"영생을 믿습니까?"
교양 강좌 들으러 간다

저, 종소리

후박나무 붉은 열매 바람에 날려 와
무덤 위에 후드득, 문득 잠 깬 그녀가
종들을 마구 흔들어 댄다
무거운 돌덩이 관 뚜껑 밑
금과 은으로 장식된 수의를 입고도
한 여인이 무녀처럼
양손에 황금 종을 거머쥐고 있다
효수된 얼굴들이
눈동자 아직도 부릅뜬 채 새겨져 있는 종
종소리 무덤 속을 울리면
텅 빈 구멍으로 남은 이목구비
오직 어둠만 꽉 들어차 있는 그녀의 동굴
안쪽에서 서늘한 바람이 불어온다
바람은 계속 들어오라고 손짓한다
썩은 웅덩이에 밤안개처럼 고인 시간 속으로
나는 떨리는 발을 조심스레 들여놓는다
붉은 열매 같은 기억들이
캄캄한 동굴 천장에 종유석처럼 매달린 채
차마 떠나지 못하는 이 지구별,

거대한 무덤의 자전 위에서 이따금 바람이 분다
붉은 열매 후드득후드득 떨어지고
효수된 약속, 효수된 사랑, 효수된 전생이
흔들어 대는 종소리
저, 종, 소, 리,
문득 잠 깨어 살풀이하듯

키르키르 언덕, 키르키르

　서역으로 가는 길, 키르키르 언덕엔 깎아지른 붉은 절벽 금방 주저앉을 듯 서 있지 한참 들여다보면 울고 가는 바람의 얼굴들도 비쳐 보인다는 큰 바위, 업경(業鏡) 속에선 스물세 살 내가 구겨진 편지를 움켜쥐고 자꾸만 훌쩍거리지 먼 이역 저잣거리에 갑자기 버려진 아이처럼 누군가를 찾는 듯 두리번두리번, 한동안 우두커니 서 있기도 하지 긴 생머리에 반쯤 가려진 얼굴, 아무리 손 뻗어도 그 얼굴 쓰다듬을 순 없지 키르키르 절벽엔 다 닳아빠진 마애불 하나, 언제부터 거기 있었을까 합장한 손과 가부좌를 튼 무릎만 아직도 선명하게 살아 있지 얼굴과 가슴이 있던 자리, 잔금들 무수히 주름처럼 지나간 그 자리, 물먹은 바람이 이따금 입술 씰룩이며 키르키르, 햇살이 가느다란 눈을 찡그리며 키르키르, 절벽 가슴에 귀 대고 들어 보네 그 위로 흐르다 만 빗물이 조금 번져 있어 지금도 마르는 중이지 구름 낮게 낀 하늘 아래, 그냥 스쳐 지나가려던 바람들 애타게 거들고 있지, 아직도

쏘울맨

　신발 공장에선 모두 그를 쏘울맨이라 부르지 언제나 그는 밑창 담당, 진창을 걸어도 물 새지 않고 자갈밭을 달려도 닳지 않는 밑창, 그는 늘 바닥을 책임지는 남자, 그 밑바닥에는 떠나간 쏘울메이트가 아직도 살고 있지 어제도 꿈속에 만났다네 그가 만들어 준 분홍 구두를 신고 반짝거리는 작은 발로 어디론가 사라지던 그녀, 소리쳐 불러도 뒤돌아보지도 않던 그녀, 그 남자 마음 바닥을 오늘도 또각또각 울리며 가네 그래도 아직 구멍 뚫리진 않았다고 울음소리 새어 나오지 않는다네 영혼은 밑바닥에 둥글게 웅크리고 남몰래 소리 죽여 닳고 있지만 밟아도 뭉개도 쏘울맨 밑창은 쇠가죽이라고, 찰고무라고, 빈틈없이 본드로 단단히 붙였노라고

골병나무

"나비 없는 산중에
꽃은 피어 무엇 하리.
님도 없는 이 내 방에
요는 깔아 무엇 하리."

뱃사공도 없이 줄배가
강을 건네주는 호곡나루
허리 접은 할매의 노랫소리도
출렁출렁 강 건너간다

6월이면 겨드랑이마다 붉은 꽃 피우던 나무
먹지도 못할 삭과를 9월이면 매달던 나무
씨방 터지는 소리 멀리서도 들리고
우수수 씨앗 쏟던 골병꽃나무

꽃에게는 꽃 피는 일이 가장 큰일
꽃에게는 꽃 지는 일이 가장 큰일

나무는 꽃 피우기 위해 봄마다 병들었고
병들기 위해 해마다 꽃을 피우기도 했다

즐거운 인생

벼락 맞은 사람도 있다지만
떠내려간 사람도 있다지만
여긴 지금 즐거운 파티의 시간

캐나다엔 얼음비가 내리고
루이지애나에선 허리케인이
집을 뿌리째 뽑아 내동댕이쳐도
여긴 지금 꽃피고 새 우는 계절

먼 사막 어딘가에선 자살 폭탄 테러로
팔다리가 날아가 버렸다지만
목뼈가 부러진 사람도 있다지만
여긴 지금 즐거운 삼바, 오 차차차!

노아의 방주를 닮은 카페에서
사이키 조명이 폭우처럼 쏟아져 내리고
폭탄을 가득 실은 폭격기 편대처럼
실내를 융단폭격하는 헤비메탈 연주

나, 자연사할 수 있을까?

사과가 있는 정물*

하얀 식탁보 깔려 있는 낡은 탁자 위
웅기중기 사과가 모여 있다
검은 술병 뒤에 몸을 반쯤 숨기고
붉게 충혈된 외눈으로 내다보는 놈
바구니에서 내쫓길라 옆과 어깨를 단단히 겯고 있는 놈
빵 접시 밑에 깔릴 듯 바짝 몸 들이민 놈
탁자 위를 외톨이로 구르면서도
빨갛다 못해 자줏빛 볼 터져라 깔깔대는 놈
여기저기 짙은 얼룩 나이프로 문질러진
구깃구깃 하얀 식탁보 위
그 숱한 얼굴 중 나는
곧 굴러 떨어질 듯 아슬아슬
탁자 모서리에 걸려 있는 한 푸르딩딩한 얼굴에
붙잡혀 있다, 백 년도 넘게
추락할 듯 추락할 듯 추락하지 않는
더 이상 익지도 깨지지도 않는
아상(我相), 지루하게 변치 않는 포즈로
틀에 갇힌 채

오늘도 수직의 벽에 매달린

* 폴 세잔의 그림

허공과 싸우다

국립공주박물관 앞마당의 돌사자 두 마리
머리 힘껏 뒤로 젖힌 채 앞발로
허공을 떠받들고 있다
뒷다리 힘줄 불끈 솟은 채
가슴을 서로 맞대고 끙끙
혼신으로 밀어 올리고 있다
보이지 않으니 내동댕이칠 수도 없는 적
보이지 않으니 딴지 걸 수도 없는 적
평생을 짓누르는 마음 덩이 하나,
도저히 떨쳐 버릴 수 없는 것이
있는 것이요, 있는 것이 없는 것이라고
천근만근의 허공을
천년만년 받들어 모시고 있다
어쩜 저 둘은 한때 죽도록 사랑하는 사이였나 보다
함께 떠받들던 그 무엇이 사라진 뒤에도
이미 마주 달라붙은 가슴 어쩔 수 없는
지긋지긋한 공동 운명체, 八자형으로 맺어진
허공과 허공이 서로
보이지 않는 샅바를 거머쥐고 있다

비상시 문 여는 방법

　지하철 문 안쪽에 쓰여 있다 비상시 문 여는 방법, 비상시? 벨이 울린다 문 옆에 바짝 붙어 선 중년 남자가 휴대폰을 황급히 연다 뭐라고? 지금 다들 응급실에 있다고? 검사 결과를 기다리고 있다고? 아직 아무것도 알 수 없다고? 아. 무. 것. 도. 알. 수. 없. 다. 어느 날 갑자기 맑은 하늘에 우박이 떨어지는 거 알. 수. 없. 다. 원치 않아도 빙하가 녹고 해류가 바뀌고 해일이 덮치고 기도하라 기도하라 기도해야지 그래도 모든 걸 휩쓸고 지나가는 거 알. 수. 없. 다. 이라크 시골 한 결혼식장에선 오폭으로 신랑과 하객 수십 명이 죽고 평상시와 비상시 사이에 팔다리가 끼인 자들은 골절상 입은 채 겨우 목숨만은 건졌지만 이타이이타이 여기저기 구멍 뚫린 채 버려진 폐광들 한때는 금광이었던 폐광 입구엔 시퍼런 기억의 침출수가 계곡을 따라 흘러내린다 하류 곳곳에서 터져 나오는 신음 소리 이타이이타이 전쟁이 너무 길어진다 이젠 집에 가고 싶다 비상문 열고 싶다 문 여는 방법이 문 안쪽에 쓰여 있다 문은 안쪽에서 여나?

내세
― 오늘의 명화

소리가 죽었다 살아났다 하는 뉴스 화면 속
머리를 다친 부상병이
다리를 다친 부상병을 부축하고 간다
사방에서 터지는 포화
밤낮없이 불꽃놀이가 한창이다
무어라고 외치는 듯 병사의 입이 벙긋벙긋한다
살려 달라는 말인가
들리지 않는다
"이 또한 곧 지나가리라."
라고 나도 외치려다가 그만둔다
느닷없이 나타난 야전군 지휘관이 소리친다
잠잘 때도, 목욕할 때도, 혹시라도 기회가 있다면
사랑할 때도 방독면을 쓰라고
꼭 써야 한다고 소리치고 다닌다, 사방에
쓰러진 병사의 얼굴 위로 떨어지는 빗방울

찬반 논란 속에 내세가 방영되고 있다
내가 나오는 TV를 내 손으로 끄기는 쉽지 않다
창밖엔 봄비 속에 다투어 터지는 꽃불, 꽃불

밤낮없이 꽃놀이가 한창이다

"이 또한 곧 지나가리라."

사선을 넘어

활시위에 살을 먹인다
광대싸리로 만든 화살 끝에는
아득한 곳을 바라보는 눈동자
흑요석 촉이 붙어 있다
오랜 응시로 자꾸만 흐려지는 과녁
다가올 듯 다가오지 않는
네게로 내 마음은 이미 길을 떠났다
머리도 어깨도 심장까지도 과녁을 향해
비스듬히 기울어져 있다
마음 먼저 보내고 몸도 따라 보내는
마음 먼저 죽이고 몸도 따라 죽이는
길이 열린다, 사선을 넘어
달려 나가는 화살, 수만 광년을 달려가도
네 심장 꿰뚫지 못한다 해도
너를 향해 떠나보낸 나
다시는 내게 돌아오지 못하리
죽음의 향기 묻어 있는 내 전통에
아직도 몇 개의 화살이 남아 있을까
감지 못하는 흑요석 눈동자 지금도
아득한 곳을 바라보고 있을까

십자가 창문

퇴행성 관절염으로 꼼짝없이
병상에 못 박힌 팔순의 아버지
맞은편 바람벽에 못 박힌 십자가만
온종일 뚫어져라 바라다보신다

십자가가 단 하나의 창문
십자가가 단 하나의 별
십자가가 단 한 송이 꽃인 감옥

차마 감옥만 두고 떠날 수 없어
아픈 어깨에 감옥을 통째로 짊어진 채
아버지 떠나려 하신다

십자가,
너의 아픔을 딛고
나의 아픔이 절뚝이며 건너가는 그곳

옛날의 금잔디 동산

요추 골절 압박통으로
진통제를 맞고도 아파 아파
중환자실에서 칭얼대던 팔순의 아버지
어느 틈에 코를 고신다
입을 반쯤 벌린 채
배냇짓하듯 빙그레 웃기도 한다
코를 찡긋찡긋하다가
깜짝, 눈을 뜨고 묻는다
엄마는 어디 갔어?
엄마는 왜 아직 안 와?
조르다가 떼쓰다가
다시 코를 고신다
진통제 없이도 아픔 없는
없는나라에 긴급 구원을 타전하고 있다

금성캬라멜

　나는 여섯 살, 언니는 초등학교 4학년이었지 동대문운동장 앞 공터엔 손님을 기다리는 삼륜차들이 모범택시들처럼 죽 늘어서 있었지 언니와 나는 아이스케키 하나씩 들고 먼 발치에 서서 세어 보곤 했지 아, 아버지 차가 이제 세 번째야 한참 고무줄놀이를 하다가 또 가 보곤 했지 야아, 아버지 차가 안 보인다! 언니처럼 덩달아 나도 손뼉을 치곤 했지 차가 오래 안 보이던 날 저녁이면 센베이나 꿀참외를 사 들고 오시던 아버지

　어제도
　오늘도
　아버지 차는 보이지 않는다
　오래오래
　어느 먼 별로 일 나가신 건가
　다시 돌아와 맨 꼴찌로 줄 서실
　오십 년 전 그 공터도 이젠 보이지 않는데
　언젠가 나 깜빡 잠든 사이
　불쑥
　금성캬라멜을 사 들고 오시려는지

적멸

천국보다 더한 천국
열반보다 더한 열반은
완전한 실종
유전자 감식을 위한 영혼의 뼈다귀
한 조각도 남기지 않는 것
어디에도 살아 있지 않는 것

애간장을 태우던 사랑도
애지중지 쓰다듬던 자리도
그저 한 번 힐끗 돌아보고 훌훌 떠나는 것
신원 미상의 먼지가 되고 바람이 되는 것

아무리 외롭고 춥더라도
결코 내세의 자궁 속으로 숨어 들어가지 않고
어떤 정토에도 다시 태어나지 않는 것
우주 속에 아주 녹아
영, 영,
공이 되는 것

4부

저녁 무렵

번개오색나비 한 마리
거미줄에 걸려 있다
파닥거릴 때마다
거미줄만 더 친친 감기고 있다

가만
두고
보자

오색 날개가
허공 속에서
허공으로 바뀔 때까지

허공이
허공 속에서
번개를 불러올 때까지

천 년 바위에 묻다

말갈이었을까
흉노였을까
말 달리며, 활을 쏘며, 피 뿌리며
칼끝으로 파낸 듯
정으로 쪼은 듯
깊이 새겨진 저 글씨
왕좌를 위해 아비를 죽인 자가
사랑을 위해 친구를 죽인 자가
신을 위해 형제를 죽인 자가
눈물로 새겼을까
뜻 모를 저 글씨
황사 자욱한 변방
바람에 깎인 듯
빗물에 씻긴 듯
반쯤 무너진 저 글씨
아무도 더는 글 남기지 말라는 듯
아무 뜻도 이 지상에 새기지 말라는 듯

木백일홍

여름이 깊어야 비로소 피던 꽃
다른 꽃 다 폈다 져도
백일 동안 지지 않고 버티던 꽃잎들
아무리 못 본 척해도 고집스레 붉던 꽃잎들
연못 가득 떨어져 있다
그래, 잘 가라
외나무다리 건너
나도 언젠가 너 따라가리니
가서, 나도 백일 동안 지지 않고 붉을 것이니
너를 향해 한결같이 피어 있을 것이니
그때 너, 나를 모른다 모른다 하라
첫서리 내릴 때까지
내가 너에게 그랬듯이

울음 그치지 않는

아가야, 아가야, 이제 그만
울음을 그치렴

밤을 도와 숨죽여 강을 건너던 피난길
달래도 달래도
울음 그치지 않던 아기를 끝내
강물에 던져 버린 어미처럼, 나도
언제 너를 버린 적이라도 있다는 거냐

새벽녘 얕은 꿈속을 허우적거릴 때
나를 깨우는 네 울음소리
어쩌다 찾아든 시골 다방의 바늘 튀는 레코드처럼
노랫말 기억나지 않는 어떤 슬픈 노래의 후렴처럼
쟁쟁 맴도는 네 울음소리

그 소리 내 귀에만 들리는지
아기도 달래지 못하는 나를
꾸중하는 사람도 하나 없어, 아니
너는 남들 앞에서는 절대로 울지 않는 아기

나와 단둘이 있을 때만 우는 아기

언젠간 내 품에 너를 안고
빈 젖이라도 물린 채 밤차에 덜컹덜컹
돌아가야 할 옛집이라도 있는 건지
잠시 울음 그치고 들어 보렴, 아가야
캄캄한 빈 들판을 울며 가는 저 바람 소리
풀숲에 숨어 끊어질 듯 흐느끼는 밤 벌레 소리

때론 네 울음 지우려
내가 더 큰 소리로 울어 본 적도 있지
네 울음소리 아주 지우려면
나를 먼저 지워야 하는 걸까
아가야, 아가야, 이제 제발
울음을 그치렴

간절기 1

사흘 후면 그대의 49재
아직도 이승과 저승 사이를 떠돌고 있을까
꽃은 져서 기린이 되고
기린은 죽어서 사람으로 태어나기도 한다면
그대는 떠나서 사슴벌레가 된 건 아닐까
신구대 곤충관 참나무 둥치 위에서
죽은 듯 봄을 기다리는 사슴벌레
죽었나 들여다보면 눅눅한 참나무에 기대
간신히 살아 있고
눈 비비며 다시 들여다보면
썩은 참나무 속 깊이 알을 꼭꼭 심어 놓고도
젖은 그늘처럼 잠잠한 그대
가는 것도 아니고 오는 것도 아닌,
머무는 것도 아니고 떠나는 것도 아닌 그대여
친구도 아니면서 연인도 못 되는 나는
아직 강 이편에 이렇게 서 있는데
털 코트는 너무 덥고
홑저고리는 너무 추운 이 계절
천 년째 두근두근 강 건너오는

봄날이면 나도 꽃잠 들고 싶은데

산 자와 죽은 자 사이
꽃샘바람이 분다

간절기 2
― 교하 지구

긴 모가지를
넘어가고 있다
갓 잡은 물고기 한 마리가
재두루미 긴 여울목을 펄떡펄떡
넘어가고 있다

임진강과 한강이 만나는 곳
노을에 젖고 아침 햇살에 빛나는
겨울 철새에게
그 누구도
먼 여행을 강요한 적은 없다

재두루미 한 마리가
강 건너 비무장지대를 펄럭펄럭
넘어가고 있다

연분(緣分)

큰 너럭바위 끝에 아슬아슬
한쪽 엉덩이만 걸친 작은 바위가 기우뚱
떡갈나무에 몸을 기대고 있다
바위 모서리에 나무는
서서히 옆구리가 패어 들어간다
옆구리가 쑤셔도 가슴은 뿌듯하다는 듯
나무는 팔 한껏 벌리고 바위를 내려다본다
그가 바위로 있게 하는 일
굴러 떨어지지 않게 하는 일
부서져 날 세운 돌이 되지는 않게 하는 일
그것만으로도
나무는 통증을 견딜 수 있다고
비바람을 또 하루 버틸 수 있다고
하루에도 수차 갈잎 엽서를 띄운다

올해도 떡갈나무는 한 말가웃
차돌 같은 도토리를 낳았다

꽃 미용실

20년 전 다니던 꽃 미용실
내가 지금 딸만 할 때 다니던 꽃 미용실
나중엔 엄마꽃과 딸꽃이 함께 다니던 꽃
미용실, 생머리로 놔두어도 마냥 꽃이던
꽃시절, 꽃을 괜시리 들들 볶던 꽃 미용실

실컷 졸다 깬 다섯 살 꽃이
숏컷 된 거울 속 자기 머리를 보곤
으앙 울음을 터뜨리던 꽃
미용실, 울음 그치지 않는 꽃을 달래다
나도 함께 울 뻔하던 꽃 미용실

결혼 며칠 앞둔 딸아이
언젠가 제 딸과 함께 괜시리
머리 볶으러 미용실 찾을 때,
그땐 나도 20년 전 져 버린 꽃
미용실처럼 더 이상 아무도 찾지 못할
숨은 꽃이 될까

숨은 꽃 굳이 찾지 않아도
그냥 그대로 마냥 꽃일
딸과 딸의 딸
세상 아무도 섣불리 딸 수 없는
꽃과 꽃의 꽃
그래서 세상은 꽃이 지지 않는 나라

달지옥에 대한 소문

용암이 끓고 있는 분화구처럼 입 벌린
포충엽, 건드리면 순식간에 덮쳐 벌레를 잡는다는
달지옥을 슬슬 피해 다녔다, 사람들은

꽃잎이 해마다 그토록 붉은 건
갓 스물 새댁이 낳은 붉은 아기를
달지옥이 꿀꺽 삼켰기 때문이라고 했다
천 개의 강이 부여잡아도
기어이 뿌리치고 달아나던 달님이
그믐밤이 지나면 꽃의 치마폭 속에서
슬며시 기어 나온다고도 했다

칠흑 같은 밤이면
울음 그치지 않는 아기를 토해 내려는 듯
달지옥이 밤새 끙끙거린다고도 했다
목젖까지 손가락을 집어넣고
반쯤 녹다 만 달님을 토해 내려는 듯

보름밤이면 달지옥 속에선

아기가 또 아기를 낳는지
아기는 또 붉은 달을 조금씩 베어 먹는지
꽃봉오리 점점 부풀어 오르고

만삭의 꽃봉오리들 곧 울음 터뜨릴 듯
탱탱하다, 누군가 내 몸속에서 자꾸만
발길질하는 밤

아카시아, 아카시아

    그가 후우 한숨을 쉬었던가 이내 자욱한 숲 속 푸르스름한 바람 불어왔지 꽃비 후드득 쏟아져 내렸지 어리둥절 내 흰 발목 위에 떨어져 얼굴 붉히던 꽃잎들 그가 더운 숨 몰아쉬었던가 내 열 손가락 발가락도 우수수 순식간에 꽃비 되어 부서져 내리고 나를 에워싼 키 큰 나무들 춤을 추었네 어깨를 들썩이며 엉덩이를 휘저으며 내 팔다리도 흐느적흐느적 흐느끼며 녹아내렸네 그가 가쁜 숨 잠시 멈추었던가 달착지근 꽃술 뒤척이며 신음하던 나무들 마침내 피 끓는 육식동물로 둔갑하던 그 순간 어두컴컴한 숲이 한입에 나를 꿀꺽 삼키던 그 순간 우주의 반죽이 한껏 부풀어 오르던

특별한 밤

밀랍 녹인 달빛 아래
수컷 오징어는 암컷 오징어를 열 다리로
힘껏 껴안고 짝짓기를 하고
암컷은 죽을힘을 다해 금모래를 파낸 뒤
은빛 알주머니를 꼭꼭 심어 놓고
천천히 숨을 거둔다
이승의 마지막 밤, 죽도록 황홀한!

인동(忍冬)

강한 턱이 있는 하늘소는 나무속 깊이 파고들어 가 웅크리고,
턱이 약한 노린재는 나무껍질 밑에 옹기종기 모여,
먼지벌레와 딱정벌레는 돌 밑에 숨어,
왕오색나비 애벌레는 마른 낙엽처럼 바람에 흔들리며,
갈구리나비 애벌레는 가시처럼 나뭇가지에 꼭 달라붙어,
물방개와 물땡땡이는 꽁꽁 언 냇물 속 낙엽이나 돌 밑에서 간신히
겨울을 난다

긴 겨울 동안 다 어디로 사라졌을까, 사람들은 말한다
겨울에 사라졌던 곤충들이 봄이 되면 외계에서 날아온다고

지난가을 울며 떠난 사람이
외계에서 문자를 보내왔다, 봄비, 봄비!

이륙을 꿈꾸다

책을 펼쳐 얼굴을 덮고
캄캄하고 환한 나라를 헤매네
그대 눈길로 손길로 혹은 입술로
감겨 주던 눈꺼풀 오늘은 책으로 덮네
아직 하반신 돌 속에 갇혀 있는
미완성 조각처럼
돌에서 빠져나오려 애쓰는 뭉그러진 육신이
육신의 감옥에서 도망치려는 영혼이
몸부림치네, 눈 꼭 감은 세상에선
죽었던 사람들도 샤갈의 그림 속 연인들처럼
하늘에 불빛 꽃다발로 피어나는 밤
검푸른 돌담 위를, 포도줏빛 지붕 위를
나도 우주를 유영하듯 날아다니고 싶네
슬픈 허공이 천만 근 짓누르는 나라에서
이따금 번개 치듯 기억이 칼금을 긋는
이 캄캄하고 환한 나라에서
책풍선에 매달려 꿈꾸듯 지상을 뜨고 싶네

건너편에는 대형 거울

　유다가 죽었고, 유심이 죽었다 민영환이 죽었고, 전혜린이 죽었고, 전태일이 죽었다 커트 코베인이 죽었고, 질 들뢰즈가, 그리고 장국영이 죽었다

　플랫폼에도 엘리베이터 안에도 대형 거울을 부착하기 시작했다
　막 뛰어내리려는 순간 목을 매려는 순간 자기 얼굴과 딱 마주친다면?
　오르막도 내리막도 당신의 천국도 지옥도 거울을 보는 동안 눈 깜짝할 새 지나가리라

　'혼자 남은 밤' '먼지가 되어' 김광석의 노래가 흘러나오는 세모의 거리, 쇼윈도에 반사되는 미니스커트 여인의 롱부츠가 짝짝이다 대형 유리창을 들여다보며 중절모를 고쳐 쓴 남자는 가던 길을 다시 간다 아무리 거울을 들여다봐도 부츠 속에는 꽃씨가 없고 모자를 들춰도 나비는 날아오르지 않는다

　바람은 해 질 녘마다 세로토닌을 과다 복용하고, 꽃무

늬 스카프를 이어 목을 매거나, 아파트에서 지하철에서 모자도 벗지 않고 뛰어내린다

 선로 건너편 거울에서 되비친 빛살이 이쪽 거울을 살짝 민다 거울에 비친 내 어깨가 움찔한다 별의 궤도가 조금 바뀐 걸까 아무도 눈치 챌 수 없을 정도로 아주 짧은 순간 므두셀라 닮은 얼굴이 휙 바람처럼 거울 속으로 지나갔다

꽃은 져서 어디로 가나

길을 잃고 헤매다
한 마을로 들어섰다
뜻밖에 만난 커다란 연못
가득 피어 있던 연꽃들
아아 탄성을 지르며
돌아서는 순간
꽃 한 송이 하르르
무너져 내렸다
ㄱ ㄱ ㅗ ㅊ
수면에 떠 있었다

고요
초저녁
고추잠자리

우리는 어둑어둑한 길을 지나
캄캄한 밤
집으로 돌아왔다

다 무사하였다

■ 작품 해설 ■

재투성이 오이디푸스

권혁웅(시인 · 문학평론가)

　버림받은 어린 오이디푸스와 부엌데기 신데렐라에게는 공통점이 있다. 모두가 '발'로 자신의 정체성을 대표하는 인물들이라는 점이다. 오이디푸스는 '발이 부은 자'란 뜻이다. 자식의 손에 죽임을 당할 운명이라는 신탁을 받자, 아버지는 갓 낳은 아이를 죽이라는 명령을 내린다. 하인은 차마 아기를 죽이지 못하고 산에다 버린다. 발목이 뚫려 가죽 끈으로 묶였기에 '부은 발'이라는 뜻의 별명이 그의 이름이 되었다. 그를 근친상간과 비극적 운명의 주인공으로만 받아들일 필요는 없다. 절뚝이며 걷는 자는 온전한 발과 불구의 발을 교대로 디딘다. 다르게 말해서 그는 이 세계와 다른 세계에 동시에 발을 디딘 자다. 그가 인륜을 어긴 것은, 처음부터 다른 질서에 속해 있었기 때문이기도 하다.

신탁이 밝혀지자 그는 제 눈을 찔러 장님이 되었다. 이 세상의 빛을 보지 못한 자는 다른 세상의 빛을 본다. 그래서 예언자는 대개 장님이다.

신데렐라는 '재투성이 소녀'란 뜻이다. 부엌에서 늘 재를 뒤집어쓴 소녀다. 바로 그 재가 신령한 소통의 매질(媒質)이다. 불을 거친 후의 세계는 정화된 세계다. 그래서 화롯불을 지키는 우리네 조왕신이나 로마의 베스타 여신은 가정과 국가의 수호신이기도 했다. 신데렐라는 바로 이 불의 주인이다. 그녀는 이승과 저승을 잇는 샤먼으로, 자정이 되면 재투성이 소녀로 돌아온다. 자정은 정오와 대립되는, 무의식의 시간이자 생성의 시간이다. 그녀에게 백마 탄 왕자님 같은 외부의 구원 따위는 처음부터 필요치 않았다. 그녀를 신분 상승이라는 욕망의 인격화로 받아들일 필요는 없다. 그녀의 발은 저 발이 부은 자(오이디푸스)의 맞짝이다.

오이디푸스가 공간적이라면 신데렐라는 시간적이다. 전자는 공간(세계)의 분할을, 후자는 시간(자정은 날짜 분할선이다.)의 분할을 대표한다. 이들은 경계의 인물들이었으며, 그 경계를 제 안에 삼킴으로써(제 본질로 삼음으로써) 양쪽의 세계를 포괄하는 인물이 되었다. 오이디푸스는 그 불구성 덕분에 정상인 세계와 신령한 세계에 동시에 발을 디뎠다. 신데렐라는 재를 뒤집어쓴 덕분에 정상인 세계(낮)와 신령한 세계(밤)를 동시에 품었다. 정채원 시의 페르소나는 바로 이 경계의 인물들과 닮았다. 그녀를 부은 발로 걷는 여성 오이디푸스, 곧 재투성이 오이디푸스라 불러도 좋을 것이다.

　자서가 벌써 그런 경계에 대한 얘기다. "지하철 선로 건너편의 얼굴들을/ 남의 얼굴 보듯 바라본다./ 어느 쪽이/ 먼저/ 지금, 여기를/ 떠날 것인가,/ 마치 목적지가 따로 있다는 듯."(「자서」) 선로를 사이에 두고 경계가 그어졌다. 두 번의 비교가 있는데 얼핏 보면 이상한 비교다. "선로 건너편의 얼굴들"은 처음부터 "남의 얼굴"이며, 그들의 목적지는 처음부터 "따로" 있었다. '다른 것'을 '마치 다른 것인 듯'이라고 말할 때, 강조점은 동어반복인 '다른 것'에 있지 않고 '마치 ~인 듯'이라는 비교의 형식 자체에 있다. 저 건너편의 얼굴은 타인의 얼굴이며, 우리는 다른 목적지를 찾아갈 것이다. 그런데 우리는 그 얼굴을 타인의 얼굴인 양, 그 얼굴들이 각자 다른 곳으로 가는 것인 양 대한다. 그러니까 이 이상한 비교 구문은, 우리가 서로의 거울이며 우리가 가는 곳은 궁극적으로 같은 곳이라는 전언을 강조한 표현이다. 경계의 이쪽과 저쪽이 거울처럼 마주하고 있었던 셈이다. 문제는 "어느 쪽이/ 먼저" 떠나는가일 뿐이다. 어디로? 시집의 표제시이자 서시가 이 질문에 답한다.

　　어머니, 저는 오늘도 돌아요
　　압력 밥솥의 추처럼

얼음판 위를 헐떡이는 팽이처럼
터질 듯한 마음의 골목골목
팽글팽글 돌아요, 돌아야 쓰러지지 않아요
당신의 경전을 맴돌면서
저는 의심하고 또 의심해요
더 이상 의심할 수 없을 때까지
서쪽으로 서쪽으로 계속 가면, 어머니
신대륙을 찾을 수 있을까요
얕은 곳 너머 갑자기 희망이 깊어지는 곳
그러나 희망봉 근처엔 죽음의 이빨
백상어가 헤엄쳐 다닌다지요
가장 안전한 곳은 가장 위험한 곳
상식의 말뚝에 한쪽 발을 묶고
나머지 한 발로 절뚝절뚝
기상부터 취침까지
일상의 풀밭을 뱅글뱅글 돌아요
소등 뒤에도 전갈자리 사수자리 돌고 돌다
아주 돌아 버려요
아니, 저는 더 이상 돌지 않아요
그래도,
그래도 지구는 돌지요

—「슬픈 갈릴레이의 마을」 전문

이 출항기의 의의를 저 수많은 술어들의 회전("돌아요")에 주목해서 간추려 보자. 첫째, 여성 오이디푸스의 모습이 두드러진다는 것. "상식의 말뚝에 한쪽 발을 묶고/ 나머지 한 발로 절뚝절뚝/ 기상부터 취침까지/ 일상의 풀밭을 뱅글뱅글 돌아요." 다른 보폭과 보법을 가진 두 발은 필연적으로 불구다. 이 불구의 걸음이 두 세계를 동시에 답사하게 만든다. 그런데 두 발이 "상식"에 매였거나 "일상"을 맴돌 뿐이라면 오이디푸스적 여정이 아니지 않을까? 아니, 여정이 맞다. "소등 뒤에도" 나는 "전갈자리 사수자리"를 돌고 돌기 때문이다. 내 오이디푸스적 걸음은 낮/밤, 지상/천상, 일상/초월을 두루 관통한다. 둘째, 이 회전은 실존 그 자체라는 것. 나는 "압력 밥솥의 추처럼/ 얼음판 위를 헐떡이는 팽이처럼" 돈다. 압력 밥솥의 추는 끓어오르는 정점을 지시하고, 팽이는 회전으로서만 바로 선다. 둘에게 회전은 외양이 아니라 본질이다. 회전을 통해서, 나는 어떤 정점에 있으며, 그 정점이 나 자신의 본질이라는 점을 확인한다. 셋째, 그럼에도 회전은 의심하는 작용이라는 것. "당신의 경전을 맴돌면서/ 저는 의심하고 또 의심해요." 정확히 말하면 이 의심은 확신의 반대가 아니라 확신의 정체다. 의심을 극한까지 추구하면 "신대륙"에 이를 것인데, 그곳의 희망은 "죽음의 이빨"을 숨기고 있을 것이다. 희망을 품는 것은 위험하지만 위험 없이 도달할 수 있는 신대륙이란 없다. 의심이 "가장 안전한 곳은 가장 위험한 곳"이라는 깨달음을 가능하게 했다. 그러므로 나는 확신을 의심함으로써 의심을 확신한다. 세계는 오이디푸스의 발걸음 앞에서 둘로 쪼개져 있다. 두 세계를 다 디디기 위해서 필요한 발걸음은 반신반의다. 넷째, 회전을 통해서 극한이 중용과 만난다는 것. 한 발은 묶여 있고 다른 한 발만이 걸음을 디디므로, 나의 행적은 원을 그린다. "나는 (……) 돌고 돌다/ 아주 돌아 버려요." 나는 일상의 영역만을 맴돌았을 뿐인데, 사실은 그로써 광기의 영역까지 가 버렸다. 다르게 말해서 제자리를 맴돌았을 뿐이지만, 그로써 그 원환의 자리를 넘어서 버렸다. 마지막으로, 회전은 나의 본질일 뿐만 아니라 세계의 본질이기도 하다는 것. "그래도 지구는 돌지요." 갈릴레이의 저 유명한 일화는, 자신의 발언을 취소한 상태에서도 발언이 취소하지 못하는 진실을 역으로 폭로한다. 내 불구의 걸음이 두 세계의 진실을 밝힌다면, 역으로 세계의 분열이 내 걸음을 뒤틀게 했다고 말할 수도 있으리라. 세계는 처음부터 오이디푸스적이었다.

걷는 발과 묶인 발이란 형상은 이런 오이디푸스적 보법(步法)의 극한적 표현이다. 이것은 정주와 일탈, 현실과 초현실, 삶과 죽음, 소문과 진실 등을 두루 아우른다. 하나는 고정점을, 하나는 원을 그리면서. 이 형상은 부동(不動)이자 회전이며, 부피도 면적도 없는 일점(一點)이자 가장 넓은 면적을 그려 내는 원주(圓周)이며, (자서에 따르면) '지금 여기'이자 궁극적인 '목적지'이다. 정채원의 시는 이 두 점(부동의 일점과 원주 위의 점)을 왕복한다.

이 왕복의 기록들을 살펴보자. 언어 차원에서 이 왕복은 소리의 왕복이다.

마다가스카르의 개코원숭이 같은 이름을 가진 그 아이는 학교를 싫어하는 아이, 아이들이 좋아하는 게임방은 어떤 곳일까 아이아이 학교 가기 싫어 아이아이 싫어싫어 징징대는 새끼 원숭이를 엄마 원숭이는 코코 달랬을까 개코개코 야단쳤을까 고대 그리스인들에게는 개가 아이아이 짖어 댔다지 아이아이 나는 그것도 모르고 개는 멍멍 혹은 바우와우 짖는 것이라고 와와거렸지 밤새 술 마시고 개판을 치면 개 같은 인생 살게 된다고 아이아이 속상해 어째 아이들은 엄마 맘을 몰라주니 아이아이 다 저희들 잘되라고 하는 말인데 아이아이 너 나중에 뭐가 될래 아이아이 알록달록 털옷 입은 개코원숭이처럼 이 비디오방에 번쩍 저 당구장에 번쩍 아이아이 그러다 프리랜서 사진작가 된 아이도 있다구 잘나가는 패션 디자이너 된 아이도 있다구 아이아이 고대 그리스인들은 개가 아이아이 짖는다 했다지 그럼 여태 내가 몇 번이나 바우바우 한 거야 도대체 어쩌려고 하우하우 한 거야 아이아이, 멍멍

—「멍멍, 아이아이」 전문

제목을 이룬 두 소리 가운데 "멍멍"은 고정점이고 "아이아이"는 이동점이다. "아이아이"가 문맥에 따라서 다른 의미들로 변형되기 때문이다. 처음에는 어린아이란 뜻으로, 그다음에는 감탄사로 쓰였다가, 마침내는 개 짖는 소리로 변형된다. "고대 그리스인들에게는 개가 아이아이 짖어 댔다지." 원주 위의 점이 고정점이 되자, 이번에는 고정점이 원환 운동을 시작한다. "멍멍"은 그 뜻을 그대로 둔 채, "아이아이, 바우와우, 바우바우, 하우하우" 등으로 변환된다. 하나가 동음이의어적 변환이라면, 다른 하나는 이음동의어적 변환이다. 다시 이 변환이 아이와 엄마의 관계에 투영된다. 아이가 낸 소리가 "아이아이"라면, 엄마가 낸 소리는 "코코"다. 코코 역시 달래는 소리("코코 달래다")에서 신체의 일부("코")로, 다시 욕설("개코")로 변환된다. "다다"를 'Dada'와 '전부 다'와 말 더듬는 소리("~있었던 것이다, 다다")로 변환한 「다다각시」, "바람"을 '공기의 이동'과 '춘심의 발동'으로 겹쳐 붙게 한 「바람궁전의 기억」, "휴관"을 "휴, 관"(감탄사+명사)으로 쪼갠 「오늘은 휴관이에요」 등이 다 그렇다.

의미 차원에서 이 왕복은 이항 대립 사이의 왕복이다. 이를 비유적으로 삶과 죽음의 왕복이라 부르자.

서둘러 올라탄 엘리베이터 번호판의 빨간 불 움직이지 않는다 계속 한곳에 머물러 있다 선뜩한 바람 한 줄기 목덜미를 스친다 아, 나도 드디어 갇히게 되었구나 내 그토록 떠나고 싶던 이 아파트, 이 저잣거리, 이 세상에서 문을 꼭 닫아걸고 독방에 들게 되었구나 창문도 없는 단칸방에서 면벽정진해야겠구나 혼자 얼었다 혼자 녹았다 산이 되고 강이 되겠지 미처 안녕이란 말도 남기지 못했지 용서를 구한다는 말은 더욱 못했지 이렇게 갑자기 이렇게 빨리 이런 순간이 오리라곤 생각지 못했지 아, 눈시울 붉히고 나를 마주 보는 저……벽이 갑자기 갈라진다 옆집 마리아가 몸을 들이민다 아니, 벌써 나도 승천했나 저런, 세상에, 번호 누르는 걸 깜빡했군요 마리아가 내 대신 肉번을 누른다 내 탓이오, 내 탓이오, 가슴 치며 통회를 끝내기도 전에 문이 열린다 그럼 그렇지 아직 담금질 끝나지 않았지 수천 수만 번 더 오르락내리락해야겠지 나는 충혈된 눈을 비비며 허둥지둥 환생한다
　　　　　　　　　―「그리운 연옥」 전문

　삶이 고정점이라면, 죽음의 체험이 이동점이다. 닫힌 엘리베이터가 휴관일의 그 관("휴, 관이에요")을 흉내 내기도 하는 것이다. 이 체험은 물론 의사(擬死) 체험이다. 고정점이 변하지 않았기 때문이다. 이 체험이 옆집 여자를 "마리아"로, 이동을 "승천"으로, 6번을 육체의 번호("肉번")로, 문의 여닫힘을 전생(轉生)으로 바꾸어 낸다.
　이 의사 체험은 삶을 반추하게 만드는 경계 너머의 체험이다. 돌아다니는 죽음이 멈춰 있는 삶에 말을 건네는 것

이다. 이 전언을 따라가 보자. 먼저, 그 죽음은 황홀경의 다른 이름이다. "토막 난 내가 지상으로 떨어지네/ (……)/ 그가 피리를 닦아/ 다시 불면/ 구름꽃 새겨진 내 사지가 스르르 이어 붙네/ 싸늘하던 온몸에/ 필리리 필리리/ 피가 도네."(「마법의 성」) 힌두 구루의 유명한 마술에 빗댄 이 일화는 사지 절단이 엑스터시임을 보여 주는 전형적인 예 가운데 하나다. 알을 낳고 죽는 암컷 오징어의 "마지막 밤"을 "죽도록 황홀한!"이라고 수식하는 마음도 다르지 않다.(「특별한 밤」)

다음으로, 죽음은 늙음의 알레고리다. 이를테면 "입술이 있던 기억만 남았을 그 자리에 지금/ 붉은 립스틱을" 바르는 미라가 그렇다.(「붉은 립스틱을 바른 미라」) 저 미라의 립스틱은 미를 치장하기 위한 것이 아니라 살아 있을 때의 흔적에 지나지 않는다. 내게도 꽃시절이 있었으나 지금은 다 옛일이 되었다는 것. "결혼 며칠 앞둔 딸아이/ (……)/ 나도 20년 전 져 버린 꽃/ 미용실처럼 더 이상 아무도 찾지 못할/ 숨은 꽃이 될까"(「꽃 미용실」) 딸은 생머리였어도 꽃인데, 꽃 미용실은 이름을 내세웠어도 꽃이 아니다. 나는? 20년 전에는 꽃이었다. 그런데 이 탄식은 단순한 탄로(歎老)가 아니다. 내게서 딸로, 다시 "딸과 딸의 딸"로, 꽃들이 이어질 것이기 때문이다. "그래서 세상은 꽃이 지지 않는 나라"다. 돌보는 이 없어 골병이 든다 해도, 그 병은 개화의 다른 이름이다. "나무는 꽃 피우기 위해 봄마다 병들었고/ 병들기 위해 해마다 꽃을 피우기도 했다."(「골병나무」)

그다음, 죽음은 고통스러운 삶의 암유다. 아파서 죽겠네, 라는 탄식이 아파서 죽었네, 라는 비유로 전환된 것이다.

> 시체 보관소에서 조금씩 투명해지던 내가 다시 깨어난 건 바로 그때였어요 검시관들이 내 왼쪽 가슴을 메스로 5센티쯤 그어 내려갔을 때 내가 피를 흘리기 시작했다지요 뭔가 잘못됐다고 판단한 검시관들이 절개 부위를 황급히 꿰맸다지요 사망 선고까지 받았던 내가 통증을 견딜 수 없어 벌떡 일어났다지요 일주일에 세 번 이상은 스포츠센터에서 땀을 흘렸고 10년 전부터 그토록 즐기던 담배까지 끊었으며 아침마다 명상의 시간까지 지켰던 내가…… 어느 날 갑자기 싸늘한 시신으로 빈집에서 발견되었던 이유, 사인은 끝내 규명되지 않았지요
>
> ──「자주 부검되는 남자」 부분

이 부검은 물론 고통의 극한적인 표현이다. 나는 시체여서 부검을 받는 게 아니라, 부검을 받으니까 시체다. 세상에, 살아 있는 몸에게 이런 고통이 있을 리가 없다! 그 후로도 나는 자주 쓰러졌다. "이러다 모든 게 지워지고 나면 어떤 고통도 다시는 나를 깨우지 못할 거예요 아무도 어떤 것도 기억도 없이 투명해진 나를 붙잡진 못할 테지요." 기

억과 고통을 인과 판단으로 묶었음에 유의하라. 고통은 기억 때문에 생긴다. 이 기억을 버린다면 고통도 사라질 테지만, 기억을 잃어버린 몸이란 게 시체가 아니면 무엇이겠는가? 그 삶은 갇힌 채 "쓸개즙"을 빨리는 "늙은 어미 곰"의 삶과 다르지 않다. 여기에 "고통이 우리를 심오하게 한다"(「니체와 쓸개즙」) 같은 말을 덧붙이는 건 사치다.

  궁극적으로 죽음은 삶 그 자체다. 죽음이 삶의 이러저러한 부면을 설명해서만은 아니다. 삶이 죽어 가는 일이기 때문만도 아니다. 그냥 죽음이 삶의 동의어인 때가 있는 것이다. 고정점과 이동점이 자리를 바꾸는 순간이 바로 이 순간이다.

> 어제도 오늘처럼 나는 죽고 또 죽었지
> 어린 아들 손을 잡고 푸른 신호등 꺼져 가는
> 횡단보도를 황급히 건너며,
> 귤 몇 알과 삼겹살 반 근
> 검은 비닐봉지 뭉쳐 넣은 시장 가방을 들고
> 코가 막힌 아이와 목이 부은 어미가
> 은별상가 3층 이비인후과를 헐레벌떡 들어서며,
> 보험 카드를 내밀며
>
> 세상에서 무엇을 보장받으랴
> 불의의 교통사고, 특정 암……

불특정 다수를 겨냥한 운명의 총구 앞에서
새벽밥을 짓고 멸치를 볶고
도시락을 싸 주며 키미테를 붙여 주며,
여보, 애들아, 우산 우산!
일기예보를 토정비결처럼 신봉하던 어머니를 흉내 내며,
빈집에 홀로 남아 묵주 알을 굴리며

영원히 죽지 않고 늙기만 하는 티토노스인 양
잠들기 전 거울 속을 들여다보며
콜라겐 나이트 크림을 처덕거리며,
빼앗아 간 젊음을 밤새 되돌려 달라고
예고 없던 정전에 허공으로 날아가 버린
오로라 파일이나 어서
되돌려 달라고, 깨어지며 쭈글쭈글해지며
죽어도 죽어도 죽지 않는 내게
가장 소중한 잃어버린 반쪽
죽음을 되돌려 달라며
오늘도 어제처럼 나는
여기저기서 죽고 있지

——「오늘의 운세 2」 전문

   1연의 죽음이 삶의 동의어라면, 3연의 죽음은 젊음의 동의어다. 이것은 단순한 반어가 아니다. 그 모든 비판과 반

성의 들끓는 복판을 통과한 후에 얻어 낸 동의어이기 때문이다. 그런데 사실 강조점은 그것이 삶이냐 죽음이냐 하는 결론에 있지 않고, 그 명명 너머에서 영위되고 있는 과정 자체에 있다. 1연과 2연 전체 그리고 3연의 전반부를 가득 채우는 일상 잡사의 생생함이 중요한 것이다. 나는 살아도 산 게 아니야, 운명이 내 목숨을 소환할지도 몰라, 이런 탄식 뒤에서 삶은 제 갈 길을 삶답게, 생생하고 묵묵하게 관철해 나간다.

이제 삶과 죽음이라는 말을 다른 말로 바꿔 보자. 그래도 이 이중적인 걸음걸이의 내포는 바뀌지 않을 것이다. 두 편만 살핀다. 먼저 사랑과 소문:

한때 내 목숨처럼 사랑했던 남자, 허쏘문
그의 문을 열고 들어가면 또 다른 문이 있고, 열면 또 문이……
내가 다 열어 보기도 전에 그는
박물관 옆 도서관 지붕 위에 잠시 머물던 구름처럼 사라져 버렸네
내가 사랑한 것들은 다 헛소문이었네, 목숨처럼
―「헛소문」부분

이 시가, 마지막 문장이 얘기하듯, 사랑의 불가촉성(不

可觸性)을 얘기한다고 생각해서는 안 된다. 거기에 덧붙인 말("목숨처럼")이 더 중요한 것이다. 내 사랑은 헛소문 혹은 "허쏘문"(소리 나는 대로 적은 이유는 소문이 뜻이 아니라 그냥 소리 나는 대로 들리는 것이기 때문이다.)이었으나, 사실은 "목숨"도 그렇다. 죽음의 여정이 삶이라는 중심점을 수식하는 긴 원주였음을 기억하자. 내 사랑이 그냥 소문이었다는 게 아니라, 그런 소문을 나는 목숨처럼 실천했다는 게 중요한 것이다. 더 나아가서 (인용한 부분의) 2행을 보면, 그 소문을 낳는 것이 사실은 사랑의 속성임을 알게 된다. 그를 알면 알수록 그는 더 깊은 속내를 숨기고 있었다는 것, 그게 사랑이 아니겠는가? 결국 사랑이 이전의 앎을 소문으로 바꾸어 가는 비밀의 문, 그것도 여러 겹 중첩된 문이었던 것이다. 다음으로 육체와 영혼:

신발 공장에선 모두 그를 쏘울맨이라 부르지 언제나 그는 밑창 담당, 진창을 걸어도 물 새지 않고 자갈밭을 달려도 닳지 않는 밑창, 그는 늘 바닥을 책임지는 남자, 그 밑바닥에는 떠나간 쏘울메이트가 아직도 살고 있지 어제도 꿈속에 만났다네 그가 만들어 준 분홍 구두를 신고 반짝거리는 작은 발로 어디론가 사라지던 그녀, 소리쳐 불러도 뒤돌아보지도 않던 그녀, 그 남자 마음 바닥을 오늘도 또각또각 울리며 가네 그래도 아직 구멍 뚫리진 않았다고 울음소리 새어 나오지 않는다네 영혼은 밑바닥에 둥글게 웅크리고 남몰래 소리 죽여

닳고 있지만 밟아도 뭉개도 쏘울맨 밑창은 쇠가죽이라고, 찰
고무라고, 빈틈없이 본드로 단단히 붙였노라고

　　　　　　　　　　　　　　　　　—「쏘울맨」전문

　소울(soul)은 통상의 의미로는 '영혼'이지만, 구어로는
'흑인의, 흑인과 관련 있는'을 뜻한다. 신발 공장에서 그
를 "쏘울맨"이라 부른 것은 그가 밑창 담당이었기 때문이
다.(그래서 까매졌을 것이다.) 그는 "늘 바닥을 책임지는 남
자"였고, 그래서 온갖 더럽고 힘든 일들을 받아 냈다. 그러
나 그 고행은 실은 아름다운 영혼의 선행이었다. 쏘울맨은
울음을 제가 갖고, 떠나간 그녀("쏘울메이트")의 발걸음을
다 받아 내는 이였던 것. 여기서도 영혼과 육신은 둘이라
고 생각되는 그 순간에 자리를 바꾸고, 마침내 가장 낮은
곳에서 하나가 된다.

　이 시집에 실린 대부분의 작품에서 이런 이중화된 전언
을 읽을 수 있다. 오이디푸스의 절뚝이는 걸음이, 신데렐라
의 자정이 처음부터 양쪽의 세계를 다 포괄하고 있었기 때
문이다. 시인의 말대로, "극과 극은 한통속이다!"(「용호상
박」) 여전히 그녀의 걸음은 절뚝이고 있으며, 그녀가 앉은
자리는 자정의 부엌이다. 거기서 두 세계에 대한 통찰이 나
오기 때문이다. 그곳은 '확신에 찬' 갈릴레이의 마을이 아
니라 '슬픈' 갈릴레이의 마을이다. 우리는 이 슬픔을 재투

성이 오이디푸스의 슬픔으로 읽었다. 그 슬픔마저 이중화된 것일까? 아마도 그럴 것이다. 바닥에 닿는 일이 네게로 가는 일인 그런 슬픔이기 때문이다. "아직도 너를 여는 중이다 바닥난 나를 한 번 더 혼신으로 뒤집는 중이다."(「모래시계」) 지금도 개방(開放)이 전복(顚覆)인 그런 세상이, 그녀 앞에, 그리고 우리 앞에 놓여 있다.

정채원

1951년 서울에서 태어났다. 이화여대 영문과를 졸업했으며,
1996년《문학사상》신인상으로 등단했다.
시집『나의 키로 건너는 강』이 있다.

슬픈 갈릴레이의 마을

1판 1쇄 찍음·2008년 7월 3일
1판 1쇄 펴냄·2008년 7월 10일

지은이·정채원
발행인·박근섭, 박상준
편집인·장은수
펴낸곳·(주)민음사

출판 등록 1966. 5. 19. 제16-490호
서울시 강남구 신사동 506번지 강남출판문화센터 5층 (우)135-887
대표전화 515-2000 / 팩시밀리 515-2007
www.minumsa.com

값 7,000원

ⓒ 정채원, 2008. Printed in Seoul, Korea
ISBN 978-89-374-0764-2 (03810)

※ 이 시집은 한국문화예술위원회 문예진흥기금 지원을 받았습니다.